Antología 2020
Ocho poetas hispanounidenses

Anthology 2020
Eight Hispanic American Poets

Colección Veinte Surcos

———————————————

Twenty Furrows Collection

Luis Alberto Ambroggio
Compilador

ANTOLOGÍA 2020

OCHO POETAS
HISPANOUNIDENSES

ANTHOLOGY 2020

EIGHT HISPANIC
AMERICAN POETS

Nueva York Poetry Press®

Nueva York Poetry Press LLC
128 Madison Avenue, Oficina 2NR
New York, NY 10016, USA
Teléfono: +1(929)354-7778
nuevayork.poetrypress@gmail.com
www.nuevayorkpoetrypress.com

Antología 2020. Ocho poetas hispanounidenses
Anthology 2020. Eight Hispanic American Poets
© 2020 Luis Alberto Ambroggio / Compilador

ISBN-13: 978-1-950474-28-8

© Colección Veinte Surcos / Twenty Furrows Collection vol. 1
Antologías Colectivas
(Homenaje a Julia de Burgos)

© Concepto de colección y contraportada:
Marisa Russo

© Cuidado de edición:
Francisco Trejo

© Diagramación:
Luis Rodríguez Romero

© Diseño de colección y cubierta:
William Velásquez Vásquez

© Foto de portada:
Adobe Stock

© Edición digital:
Gival Press

Ambroggio, Luis Alberto
Antología 2020 / Anthology 2020 Luis Alberto Ambroggio. compiler; 1a edi-- New York: Nueva York Poetry Press, 2020, 162 pp. 6"x 9".

1. Poesía hispanoamericana 2. Literatura de migrantes en EEUU

A Nicolás Kanellos,
por su documentación de la historia hispanounidense.
A Odón Betanzos Palacios, in memoriam,
por su dedicación a la cultura y presencia hispana en los EEUU.

To Nicholas Kanellos,
for his documentation of the U.S. Hispanic American History.
To Odón Betanzos Palacios, in memoriam,
for his dedication to the Hispanic culture and presence in the U.S.

INTRODUCCIÓN

Congregar en una antología digital algunas de las voces más destacadas de la poesía hispanoamericana de los Estados Unidos es un logro que satisface la pasión y los sentidos. Celebramos con esta publicación el mes de la poesía en los Estados Unidos presentando a poetas de una de las tradiciones poéticas americanas, la hispanounidense, que se inicia en el año 1571 con la *Obra nuevamente compuesta* de Bartolomé de Flores, a la que sigue el poema épico más antiguo escrito en lengua europea, *La Florida* de Fray Gregorio de Escobedo que se ubica entre los años 1587 y 1593, y el poemario de corte virgiliano *Historia de Nuevo México* que Gaspar Perez de Villagrá, empieza a escribir a partir del año 1598.

Como representante del voluminoso cuerpo poético mexicano-estadounidense, participa la reconocida poeta Lucha Corpi, Laureada de la Universidad de Indiana del Oeste y de la Biblioteca de San Francisco, que luchó para llevar el eje temático chicano a otros idiomas buscando que las generaciones se sientan orgullosas de sus raíces, a pesar de los contratiempos de la vida. Las poetas Raquel Salas Rivera y Naomí Ayala encarnan aquí el cuerpo puertorriqueño continental. Raquel Salas Rivera, Poeta Laureada de la ciudad de Filadelfia y recipiente inaugural de la Beca de Laureada de la Academia de Poetas Americanos, en sus poemas aquí incluidos conjuga genialmente la brutalidad socio-económicas del colonialismo de su tierra de origen con imágenes y un discurso íntimo de la vida personal. Naomi Ayala, activista social, profesora de creación literaria y traductora, comparte poemas que expresan en un lenguaje claro y la inspiración del eros en un contexto de referentes ecológicos y urbanos, la realidad y la ilusión del deseo.

Precedido por Martí, del histórico cuerpo poético cubano-americano, tenemos aquí a uno de sus grandes poetas contemporáneos y documentalista, Orlando Rossardi, cuya poesía en esta antología respira una estética de pertenencia durante el paso de la vida.

INTRODUCTION*

To collect a digital anthology of many distinguished poetic voices of Hispanic poets in the USA is an achievement that satisfies many passions and sentiments. We celebrate poetry month in the USA with this publication of poets who have followed the tradition which first began in 1571 with Barlolomé de Flores's *Newly Composed Work* to the epic poem *The Florida* of Brother Gregorio de Escobedo, the oldest poem written in a European language about what would eventually become part of the USA, which appeared between the years of 1587 and 1593, and the Virgil-like poem *History of New Mexico* by Gaspar Pérez de Villagrá that followed, begun at the end of 1598.

First, we begin with Lucha Corpi, whose voluminous poetic works represent the Mexican American tradition. Corpi, Poet Laureate of the University of Indiana of the West and the San Francisco Library, who fought for the dissemination of the Chicano thematic axis in other languages as a way for generations to feel proud of their roots in spite of the setbacks of ordinary life. The poets Raquel Rivera and Naomi Ayala here embody the Puerto Rican continental body. Poet Laureate of the City of Philadelphia and recipient of the Laureate Scholarship given by Academy of American Poets, Raquel Salas Rivera in her poems combines the socio-economic brutality of the colonization of her land of origin with images and intimate discourse of one's personal life. Naomi Ayala, a social activist, professor of creative writing and translator, shares poems expressed in clear language and with the inspiration of Eros in a context of ecological and urban references in the reality of illusion and desire.

Preceded by Martí, the historical poetic body of Cuban American work, we find one of the greatest contemporary poets and documentarists, Orlando Rossardi, whose poetry in this anthology breathes an esthetic membership into the passage of current life.

La poesía de los otros exilios, empezando por España, la personifica Tina Escaja, una poeta que utiliza en su poesía innovadora el arte digital, líder del movimiento destructivista, crítica literaria y académica de la Universidad de Vermont en Burlington. Su primer poema viene del poemario *Caída Libre*, ganador del premio y el último de su *Manual del Destructivismo*. Del exilio centroamericano procede la distinguida poeta nicaragüense Daisy Zamora, para quien la poesía es su vida incluso en las batallas políticas de su país natal, su expresión de los desvalores del exilio y de ser mujer. Con premios nacionales y presencia en la serie de PBS de Bill Moyer y libro, *The Language of Life*.

Y, finalmente, del exilio suramericano: el internacionalmente reconocido poeta y escritor peruano, Isaac Goldemberg, quien, entre otros muchos logros, fundó en Nueva York el Latin American Writers Institute y la prestigiosa revista *Hostos Review*. Aquí nos ofrece sus versos recurrentes sobre Arte Poética y la Nueva Vida. Cierran esta antología los poemas de otro exiliado, quien ha tenido el gusto de recoger este florero de fascinantes versos, el argentino-estadounidense que firma estas líneas introductorias y comparte poemas de su libro más reciente *Todos somos Whitman* y otros de la edición crítica de su *Obra Poética 1974-2014 En el Jardín de los Vientos*.

Festejamos el mes de la poesía con nuestra presencia hispana que tiene casi 500 años en la literatura estodunidense, de la que forma parte esta muestra selecta de voces destacadas que expresan con la riqueza de una identidad diversa, nuestra memoria, nuestra experiencia y nuestros ideales.

Agradezco a Robert Giron, director de Gival Press, quien me pidió que organizara la publicación digital de esta Antología de Poetas Hispanoamericanos celebrando el mes de la poesía en el 2020, conforme aparece en ArtLiJo, vol. 135 y nos permitió su publicación en esta versión impresa con Nueva York Poetry Press.

LUIS ALBERTO AMBROGGIO
Academia Norteamericana de la Lengua Española

From the poetry of other exiles, beginning with Spain, we have the personified Tina Escaja, a poet who utilizes innovative digital art in her poetry and is a leader of the deconstructive movement and literary and academic criticism at the University of Vermont at Burlington. Her first award-winning epic poem *Free Fall* also appeared in her work *Manual of Deconstructivism.* Out of the Central American exodus comes forth the distinguished Nicaraguan poet Daisy Zamora, for whom poetry is inclusive of the political battles of her native daily life along with her expressive accounts of the devalued life of being a woman. Zamora has won national awards and was featured in the PBS program *The Language of Life* with Bill Moyer.

And finally, we have exiles from the South America: Isaac Goldemberg, the esteemed international poet and writer, who among many achievements, founded the Institute for Latin American Writers in New York and the prestigious journal *Hostos Review.* Here he offers us recurrent verses on Poetic Art and the New Life. We close this anthology with the poems of another exile who has had the pleasure to collect this vase of fascinating verses, the Argentine-American who brings forth these introductory lines and shares poems of his most recent book *We Are All Whitman* and others from his *Poetic Works from 1974-2014: In the Garden of the Winds.*

We celebrate this month of poetry with our Hispanic presence which has historical roots in the USA that go back over 500 years, which forms our selective part of distinguished voices that express the richness of a unified diversity, with our memories, our experiences, and our ideals.

I thank Robert Giron, director of Gival Press, who asked me to organize the digital anthology of Hispanicamerican Poets celebrating the 2020 Poetry Month as it is featured in ArtLiJo, Issue No. 135 and authorized us to publish the printed version with New York Poetry Press.

LUIS ALBERTO AMBROGGIO
North American Academy of the Spanish Language

*Traducción de Robert L. Giron

Lucha Corpi

SAL Y AVENA

Salvo los sueños púrpura de la buganvilia
y aquella cocina estrafalaria que pinté
anaranjado y azul subido
—los colores que tal vez complacieran
al marido que ya me olvidaba—
nada de dicha quedó
en aquella casita de la calle 66.

Ahí quedaron
como ensayos de naufragio
las noches de ira contenida,
y entre colillas y poemas
las mañanas de precaria cordura.

Conmigo
me llevé las fotos de familia,
mi hijo y todas sus sonrisas,
las latitas de orégano, azafrán y albahaca,
y las bolsas de harina, sal y avena
que tantas amigas y compañeras
me heredaran a su paso por mi vida:
La esencia que nutre este poema
que a la acera cae en otoño
lleno de primavera.

SALT AND OATMEAL*

Except for the purple dreams of the bougainvillea
and that outlandish kitchen I painted
orange and bright blue
—colors to please the husband
who was already forgetting me—
no joy was left
in that little house on 66th Street.

What stayed behind
like rehearsals for the shipwreck
were the nights of stifled rage and,
amid cigarette butts and bottles,
the mornings of uncertain sanity.

I took with me
the family photos,
my son and all his smiles,
the little jars of oregano, saffron, and basil,
and the bags of flour, salt, and oats
so many friends and classmates
had left me on their way through my life:
The essence that feeds this poem
as it falls to the sidewalk in autumn
brimming with spring.

MEMORIAL DEL FUEGO

La guitarra de Joaquín Rodrigo
descarga sus gotas de luz
sobre la pauta nocturna
y sobre los montes obscuros
de Berkeley
ajena al infortunio
la luna llena
topacio de fuego blanco
opaca mundos y estrellas.

Desde un rincón oscuro de mi cuarto
con el costado lleno de tinta
los ojos volados
a voz en cuello
el esqueleto de un recuerdo
relata su trágica historia,
me enseña la herencia del fuego,
una vivencia sin nombre ni porvenir
a regañadientes me llama.

Qué musgo de fuego
cauteriza tenazmente cada célula?
Qué líquido principio traiciona
su propio deseo por la carne y el verso?

Más allá de los luceros
que perlan esta noche
de noviembre melancólico
una gran ausencia me contesta.

FIRE MEMORIAL*

Joaquín Rodrigo's guitar
scatters its drops of light
along the nocturnal path
and onto the dark hills
of Berkeley.
Oblivious to misfortune
the full moon
a topaz of white fire
outshines worlds and stars.

From a dark corner in my room
its side full of ink
eyeless, its lips inert
at the top of its voice
the skeleton of a memory
tells its tragic story,
shows me the aftermath of the fire.
An experience with neither name nor future
reluctantly calls to me.

What blast of fire
is stubbornly cauterizing my every cell?
What liquid premise is betraying
its own desire for flesh and poetry?

Beyond the stars
pearling this melancholy
November night
a great absence answers me.

JORNADA

La muerte se reencarna en cada flor
una ciudad se erige sobre otra
y en una calle cualquiera
en la plaza
en un portón
o entre flores y pájaros
a un lado del mercado,
dos viejos escudriñan la basura
en busca del sustento diario,
un niño vaga en pos de ternura,
una madre morena
viuda prematura del amor
espera en fila muda
a la puerta de la fábrica.

En una ciudad cualquiera
del viejo mundo o del nuevo
dos pares de ojos obscuros
comparten la misma historia.

THE DAY'S WORK*

Death is reincarnated in every flower
one city rises on top of another
and on an ordinary street
in the town square
in a gateway
or among flowers and birds
at the Edge of the marketplace
two old men look through the garbage
for their daily bread,
a child roams in search of tenderness,
a dark-skinned mother
widowed early of her love
waits in a silent queue
at the factory door.

In an ordinary city
of the old world or of the new
two pairs of dark eyes
share a history.

*Traducción de Catherine-Rodríguez-Nieto

LUCHA CORPI

Nació en 1945 en Jáltipan, Veracruz, México. Lucha es una poeta, novelista, y autora de libros para niños. Es reconocida internacionalmente y considerada un pilar en el mundo de la literatura Chicana. Es la autora de varias novelas de misterio publicadas por Arte Público Press: *Death at Solstice: A Gloria Damasco Mystery* (2009), *Eulogy for a Brown Angel* (2002), *Black Widow's Wardrobe* (1999), *Cactus Blood* (1995), y *Crimson Moon* (2004). *Loa a un ángel de piel morena* (2012) es pionera a la serie de novelas sobre Gloria Damasco ya disponible en español. Su colección de poesía, reimpresa por Arte Público Press en el 2001, se titula *Palabras de mediodía / Noon Words* (2001). Un libro de imágenes de Piñata Books, *The Triple Banana Split Boy / El niño goloso* se publicó en el 2009. Corpi a recibido numerosos galardones y menciones, incluyendo el National Endowment for the Arts fellowship, el PEN Oakland Josephine Miles Literary Prize de ficción, y el Multicultural Publishers Exchange Book Award of Excellence de ficción para adultos. Fue una maestra titular en el Programa de Centros Vecinales de las Escuelas Públicas en Oakland por más de 30 años. Poeta laureada de la Universidad de Indiana del Oeste y de la Biblioteca de San Francisco.

LUCHA CORPI

Born in México, Lucha Corpi came to Berkeley as a student wife in 1964. She is the author of two collections of poetry: *Palabras de mediodía/Noon Words* and *Variaciones sobre una tempestad/Variations on a Storm* (Spanish with English translations by Catherine Rodríguez Nieto); two bilingual children's books: *Where Fireflies Dance/Ahí, donde bailan las luciérnagas* and *The Triple Banana Split Boy/El niño goloso*; six novels: *Delia's Song and five mystery novels,* four of which feature Chicana detective Gloria Damasco: *Eulogy for a Brown Angel, Cactus Blood, Black Widow's Wardrobe*, and *Death at Solstice*, and a fifth mystery novel featuring P.I.'s Dora Saldaña and Justin Escobar; a memoir, *Confessions of a Book Burner: Personal Essays and Stories was* issued in 2014. She has been the recipient of numerous awards and citations, including a National Endowment for the Arts fellowship in poetry and an Oakland Cultural Arts fellowship in narrative, PEN-Oakland Josephine Miles, Multicultural Publishers Exchange Literary Awards; Latino and International Latino Book Awards for her crime fiction, Hispanic Women Making History Award, Poet Laureate at Indiana University Northwest, twice Laureate at the San Francisco Public Library. Her poetry has been translated to French, German and Italian A retired teacher, she resides in Oakland, California.

Raquel Salas Rivera

no se cambia una chaqueta por una chaqueta

tomemos dos mercancías, por ejemplo,
50 años de trabajo y una deuda
acumulada por 50 años.
como propietaria de la primera
decides llevarla al caribe hilton bancario
donde daría mi vida por pagar esta deuda.
pero te explican que no da
así como la deuda y los 50 años de trabajo son valores
de uso cualitativamente diferentes,
son cualitativamente diferentes los trabajos por medio
de los cuales llegan a existir: el del inversionista
y el del colonizado. tu vida no es suficiente.
tendrás que pagarla con el trabajo de tus hijos
y los hijos de tus hijos.
digamos que les dices nunca tuve
porque nunca quise que heredaran mi deuda
aquellos que apenas saben distinguir
entre coquito y leche.
pero te explican que, aunque no tengas linaje,
la heredarán tus vecinas, el perro que saquea tu basura,
doña sophia con su rosario luminoso,
tu abuela que apenas sale a la farmacia,
angelía que aún espera tu libro,
luis que finalmente tiene empleo pero con deuda todavía,
y el tipo que te asaltó por diez pesos.
imagínate

coats are not exchanged for coats

let us take two commodities such as
50 years of work and one debt
accumulated over 50 years.
as proprietor of the first
you decide to take it to caribe hilton banking
where i offer my life to pay this debt.
but they explain that it's not enough
just as the debt and the fifty years of work have use values
that are qualitatively different, so are
the two forms of labor that produce them:
                    that of the investor and that of the colonized.
your life is not enough. you will have to pay with the labor
of your children and your
children's children.
let's say you tell them i never had any because
i never wanted to make heirs of those who
barely know the difference
between milk and coquito.
but they explain that even if you don't have a lineage
your neighbors, the dog that plunders your trash,
doña sophia with her luminous rosary,
your abuela that barely leaves the house
                                    to go to the pharmacy,
angelía that still awaits your book,
luis that finally has a job but still has debts to pay,
that guy who mugged you for ten bucks
will inherit.
imagine

que vuelves con tus vecinos,
con tu abuela,
con el perro que a veces rebusca la basura,
con angelía, con luis, y dices
he aquí mis herederos.
¿aceptarás nuestro pago?
¿darás por finalizada nuestra deuda?
¿borrarás nuestros nombres del sistema?
pero te dicen
te faltan los ríos

el río guajataca, el río camuy,

el río cibuco, el río bayamón,

el río puerto nuevo, el río grande de loíza,
el río herrera,   el río mameyes,
el río sabana,   el río fajardo,
el río daguao,   el río santiago,
el río blanco,   el río humacao,

el río seco, el río maunabo,
etc. etc. etc.

ellos serán tus herederos.
esta vez decides adelantarte.
recorres todo puerto rico como un espectro.
agarras puñales de lo que sea:
sombrillas de gasolinera, piedra caliza,

that you come back with your neighbors,
with your abuela,
with the dog that sometimes searches your trash,
with angelía, with luis, and you say
here are my heirs.
do you accept our payment?
will you terminate our debt?
will you erase our names from the system?
but they say
where are the rivers?

el río guajataca, el río camuy,

el río cibuco, el río de bayamón,

el río puerto nuevo, el río grande de loíza,
el río herrera,   el río mameyes,
el río sabana,   el río fajardo,
el río daguao,   el río santiago,
el río blanco,   el río humacao,

el río seco, el río maunabo,
etc. etc. etc.

they will be your heirs.
this time you decide to get ahead.
like a specter you haunt all of puerto rico.
you grab handfuls of whatever:
gasoline station umbrellas, limestone,

actas de nacimiento, tiendas quebradas,

etc. etc. etc…

etc. etc. etc.

vuelves al banco con tu isla tan densamente ingerida

que toses semáforos y entierros y dices

he aquí todo lo que cabe

entre el mar caribe y el atlántico norte.

he aquí: mi imaginario.

pero te dicen

debes la nada.

tu cuenta tiene un balance negativo.

a cambio de esta deuda sólo aceptamos chaquetas,

pero esto sí que no lo tienes

porque casi nunca hace frío

en puerto rico.

digamos que vas hasta filadelfia

a buscar las chaquetas que necesitan

las abuelas, las angelías, el río maunabo, etc.

trabajas duro, buscas una licencia con dirección renovada,

compras tres cuatro, quinientas chaquetas,

vas a la sucursal local y dices

aquí las tengo.

quisiera pagar aquella deuda.

pero sin mirar te contestan

aquí en fili no aceptamos chaquetas.

supongamos que en la caja de pasteles

le envías las chaquetas a tu madre

con una notita que lee

pago: deuda de puerto rico,

birth certificates, shutdown shops,
you go back to the bank with your island

> so densely ingested

that you cough up burials and streetlights and say
here i have all that fits
between the caribbean sea and the north atlantic.
here i have: my imaginary.
but they say
you owe nothingness,
your account has a negative balance.
in exchange for this debt we only accept coats,
but this you definitely don't have
because it's almost never cold
in puerto rico.
let's say you go to philadelphia
to look for the coats much needed
by the abuelas, the angelías, the río maunabo, etc.
you work hard, look for a license with a renewed address,
buy three, four, five hundred coats,
go to the local branch and say
here they are.
i would like to pay that debt.
but without looking up they answer
here in philly we don't accept coats.
let's suppose that in the pasteles box
you send the coats to your mother
with a note that reads
payment: puerto rican debt,

y mami (tras decodificar tu letra) carga
la caja hasta la sucursal del banco popular, el caribe hilton
bancario o el loquesea bank,
donde la miran mal y le indican
—antes de que pueda decir palabra alguna—
para entregar chaquetas, utilice la fila número tres.
imagínate que es una fila larga, larguísima,

                              casi interminable,
una fila de 50 años.

and mami (after decoding your handwriting) carries
the box to the local branch of the banco popular, caribe
hilton banking or loquesea bank, where they
give her a look and
—before she can say a word—indicate
to turn in coats, use line number three.
imagine that it is a long, longer, almost interminable line,
a line that spans 50 years.

la conversión de una suma de dinero
en una suma de mercancías

por cada poema que compones sobre la deuda,
se reúnen cincuentiocho unicornios en el fondo
                                    de una piscina.
cada vez que escribes MUERTE
                        A LOS COLONIZADORES,
nace un coquí dorado.
cada vez que repites:
VOTA POR ESTA EN UN SISTEMA COLONIAL,
un coquí dorado siembra una ceiba.
por cada dos compas que le cierran el paso
                            a la junta de control fiscal,
se duplican los flanes de coco y las alcapurrias.
cada vez que le crees a una mujer violada,
un chamaco de experiencia trans adquiere sus hormonas.
por cada verso que se enrosca en el pecho de mi gente,
le gano cinco bibliotecas al imperio.
por cada político oportunista que descabezas,
renace mi fe en el sistema educativo.
¡ja!, no, maestro: la fe en nosotros.
por cada canción que dedicas a marigloria o ángela,
recuperamos un cantito de nuestra historia.
por cada sello de solidaridad sin remunerar,
un diamante se transforma en colibrí.
cada vez que caramelizo mis pieles en veneno,
recupero mi nombre.

the conversion of a sum of money
into a sum of commodities

for each poem you write about the debt,
fifty eight unicorns meet at the bottom of a pool.
every time you write DEATH TO THE COLONIZERS,
a golden coquí is born.
each time you repeat:
VOTE FOR THIS IN A COLONIAL
                          ELECTORAL SYSTEM,
a golden coquí plants a ceiba.
for every two compas that jam the cogs of the oversight
board,
the coconut flanes and the alcapurrias duplicate.
each time you believe a woman who's been raped,
a teen of trans experience acquires his hormones.
for every verse that curls up in my people's chest,
i win five libraries from the enemy.
for each opportunistic politician you behead,
my faith in the educational system is restored.
ha! no, teacher, the faith in us.
for every song you dedicate to marigloria or ángela,
we recover a little piece of our history.
for each seal of solidarity without remuneration,
a diamond becomes a hummingbird.
every time i gather my skins and caramelize them
                          into poison,
i recover my name.

cada vez que repites iván tres veces en el espejo,
vuelve como espectro para vengar sus asesinos.
cada vez que repites iván tres veces al espejo (2),
se une el espectro de jorge steven.
cada vez que repites iván tres veces al espejo (3),
el viento se convierte en láminas,
que se convertirán en cristales rotos,
que se convertirán en aire congelado por los giros
de todos aquellos torturados por la comay.
por cada deuda que no pagas,
(hay sólo una muchas veces insistida)

le donas cien hamacas voladoras
a las víctimas del neoliberalismo.
por cada cálculo errado
salvas una bahía.
por cada bahía que salvas
le damos a esta isla
un anti-crucero de esperanza,
y hundimos todos los cruceros,
y hundimos todos los cruceros.

each time you repeat iván three times into the mirror,
he'll come back like a specter to wreak vengeance
                                        on his assassins.
each time you repeat iván three times into the mirror (2),
he'll be joined by the specter of jorge steven.
each time you repeat iván three times into the mirror (3),
the wind will become projector transparencies,
that will become broken windows,
that will become airs frozen by the gyres
of all those tortured by la comay.
for each (there is only one many times insisted)

debt you don't pay,
you are donating a hundred flying hammocks
to the victims of neoliberalism.
for each miscalculation
you save a bay.
for each bay you save
we give this island
a anti-cruise ship of hope,
and we sink all the cruise ships,
and we sink all the cruise ships.

RAQUEL SALAS RIVERA

Mayagüez, 1985. Es poeta, traductora y crítica literaria puertorriqueña. En el 2018, fue nombrada Poeta Laureada de la ciudad de Filadelfia por un término de dos años. El año siguiente, se convirtió en la recipiente inaugural del la Beca de Laureada de la Academia de Poetas Americanos y ganó el Premio Nuevas Voces del Festival de la Palabra de Puerto Rico. Cuenta con la publicación de siete plaquetas y cinco poemarios. Su tercer libro, *lo terciario/the tertiary* (2da ed., Noemi Press, 2019), fue finalista para el Premio Nacional del Libro del 2018 (EEUU) y ganó el Premio Literario Lambda a una obra de poesía transgénero del 2018. Su quinto poemario, *x/ex/exis: poemas para la nación/ poems for the nation*, fue el primer ganador del Premio Ambroggio (Editorial Bilingüe/ Bilingual Press, 2020).

RAQUEL SALAS RIVERA

Mayagüez, 1985. She is a Puerto Rican poet, translator, and literary critic. In 2018, they were named the Poet Laureate of Philadelphia for a two-year term. The following year they became the inaugural recipient of the Laureate Fellowship from the Academy of American Poets and won the New Voices Award from Puerto Rico's Festival de la Palabra. Their third book, *lo terciario/the tertiary* (2nd ed., Noemi Press, 2019), was on the 2018 National Book Award Longlist and won the 2018 Lambda Literary Award for Transgender Poetry. Their fifth book, *x/ex/exis: poemas para la nación/ poems for the nation* was the first recipient of the Ambroggio Prize (Editorial Bilingüe/ Bilingual Press, 2020).

Naomi Ayala

AUTORETRATO

Ÿ
Es hoja húmeda este día
que piso sin cuidado.
Me lo enseñaron.
Lo aprendí.
Qué carajo importa.
Ÿ Ÿ
Cómo late este corazón
y qué milagro.
Cuando me siento a solas
sé que no es mío.
Provino de la lluvia en rumbo a las hojas
y quiso quedarse.
Ÿ Ÿ Ÿ
La parte en la que yo
fui yo es inconsecuente.

SELF-PORTRAIT

Ÿ
The day is a wet leaf
I step on carelesly.
It was taught to me.
I learned it.
What the hell does it matter.
Ÿ Ÿ
How this heart beats
and what a miracle.
When I sit alone
I know it isn't mine.
It came from the rain on its way to the leaves
and wanted to stay.
Ÿ Ÿ Ÿ
The part in which I
was I is inconsequential.

INSINUACIÓN DE BESO

Se esconde en el pelambre de las hojas.
Lo veo entenderse con las calles y las ruedas.
En la zona de los relojes y las cuentas
cabalga con el crepúsculo.
Y a alguien le da con cantar afuera.
Este abril.

INSINUATION OF A KISS

It hides in the fur of the leaves.
I see it get along with wheels and streets.
In the zone of clocks and accounts,
it rides with dusk.
And then someone decides to sing outside.
This April.

BESO

Tres puntitos le sumo a mi día
y tres puntitos me quita la noche.
Rebelde, la lleno de besos
para destapar su sal
porque saber de sal
es vivir con nombre.
Tanta, tanta sal en este mundo.
Me doy una taza de café.
Camino por las calles con el pelo suelto.
Hoy me llamo beso.

KISS

I add an ellipsis to my day
and the night takes an ellipsis away from me.
Rebellious, I fill it with kisses
so that I can uncover its salt
because to know salt
is to live with a name.
So, so much salt in this world.
I have a cup of coffee.
I walk the streets with my hair untied.
Today my name is kiss.

NAOMI AYALA

Ha publicado tres libros de poesía: Wild Animals on the Moon (Los animales salvajes de la luna); This Side of Early (Más acá de lo temprano); y Calling Home: Praise Songs & Incantations (Llamando a la tierra: Elogios y conjuros). Es traductora, además, del poemario La arqueología del viento/The Wind's Archeology de Luis Alberto Ambroggio. Naomi también ha traducido y publicado poemas de Lope de Vega al igual que un guión de cine para el documental *Cada niño nace siendo poeta: La vida y obra de Piri Thomas*. Sus poemas más recientes aparecen en la revista *Poetry* (marzo 2020) y *LatiNEXT* (BreakBeat Poets, abril 2020).

Naomi enseña talleres de poesía cuyo énfasis es el desarrollo de una práctica diaria que activa el proceso creativo individual. Se le han otorgado varios premios y reconocimientos que incluyen varias becas para artistas de la DC Commission on the Arts and Humanities, Reconocimiento Especial por Servicio a la Comunidad del Congreso de los EE.UU., y el Premio de Abogacía por la Justicia Ambiental de Martin Luther King, Jr.

Naomi Ayala

She has published three books of poetry: *Wild Animals on the Moon; This Side of Early*; and *Calling Home: Praise Songs* and *Incantations*. She is also the translator of Luis Alberto Ambroggio's La arqueología del viento/The Wind's Archeology. Naomi has translated and published poems by Lope de Vega as well as the film script for the documentary *Every Child is Born a Poet: The Life and Work of Piri Thomas*. Her most recent poems appear in *Poetry magazine* (March 2020) and *LatiNEXT* (BreakBeat Poets, April 2020).

Naomi teaches writing workshops whose emphasis is the development of a daily practice to activate the individual creative process. She has been awarded various prizes and recognitions, including various artist fellowships from the DC Commission on the Arts and Humanities, Special Recognition for Community Service from the U.S. Congress, and the Martin Luther King, Jr. Legacy of Environmental Justice Award.

Orlando Rossardi

TOTALIDAD

Surgir, todos los días, limpio, como el crepúsculo

JRJ

Al fin de la mañana se perfila el día,
al final del día cae la noche oscura,
con la noche se abren los rincones
que palpitan, vigilantes, por el sueño.
Todo gira y recomienza, todo se agita
en la sombra o en la luz que cuelga
de la rama, la flor que brota coloreada,
o en tu mano que tiembla con la mía
y vuelan, luego, al fondo del acaso,
al espacio en que el tiempo se corona
en la esperanza, a la terca soledad
que se hace nota o mariposa luego,
palabra en que palpitan conseguidos
los murmullos, las frondosas melodías,
la eterna juventud de este poema

TOTALITY

To emerge every day clean as the dusk

JRJ

At the end of the morning day takes shape,
At the end of the day the dark night falls,
With night will unfold corners
That pulsate, vigilant, through sleep.
All spins and recommences, all quivers
In the dark or in the light pendent
from a branch, the colored budding flower,
Or in your hand trembling in my hand
And flying, later, to the depths of chance,
To the space where time crowns himself
In hope, before the stubborn solitude
Which will eventually become a note, a butterfly,
A word wherein still beats the pulse of vanquished
murmurs, lush melodies,
this poem, in eternal youth.

LA CASA

Quedó atrás, rendida en el recuerdo,
cerrada a cal y canto, alta por los ojos,
compuesta y siempre nueva para el baile,
eterna quinceañera, florida en la mirada,
puesta a abrir ventanas y abrir puertas,
servida, con la mesa también puesta,
la radio sonando en la distancia,
soñando entre la cama y los balcones,
y por dentro —como afuera— un piano
y un librero que no paran de cantar.

THE HOUSE

She stayed behind, resting on remembrance,
Tightly shut, high to the eye,
Composed and ever new for one more dance,
The belle eternal of fifteen, in bloom to every glance
Ready to open windows, open doors,
Served, with the table set as well,
The radio sounding somewhere far,
Dreaming from bed to balconies,
And inside —as outside— a piano
and a bookcase both incessant, singing on.

EL BALCÓN

Del balcón abierto surgen alas que se escapan.
Queda a ras del cielo su paisaje silueteado;
del mar que se divisa penden mares borrascosos,
brisas y naufragios con mareas enriscadas
flotando entre tenduchos y cornisas,
velas que esparcen adioses tras adioses,
huidas, y largas y furiosas escapadas,
cariños que se quedan rondando por los ojos
y manos robándole caricias a la vuelta.
El balcón abierto vuela vivo en las macetas,
se pone a remontar su cuento de otra edad,
se ciega con la vista puesta al horizonte,
a ver si atisba en la distancia algún regreso.

THE BALCONY

From the open balcony spring wings that flee.
Against the sky remains her landscape, etched;
From a glimpse of the sea cling other windy seas,
breezes and shipwrecks on the craggy tides,
Floating among cornices and shabby little shops
sails that give forth goodbyes and more goodbyes,
flights and long, furious getaways,
loves which stay loitering around the eyes
and hands stealing a touch of homecoming.
The open balcony, alive, flies from the flowerpots,
Soaring on its tale from other ages,
Blinded by its own sight on the horizon, fixed
to catch perhaps a glimmer of return.

TOTALIDAD DEL AGUA

Un hilo claro que se vierte y se concierta
en lo eterno del deseo. La ilusión de un dios
hecha a golpes del amor profundo y claro;
y mucho dar y huir, y desgarrarse en lo remoto;
de fluir entre la piedra y la conciencia,
de brotar de un fondo eterno hacia el ahora
por la ardiente luz de los desiertos,
flotadora, suavemente entre los dedos

TOTALITY OF WATER

A clear thread pouring, concerting
with the eternal nature of desire. Illusion —of a god—
forged blow by blow from clear, profound love;
from much giving and fleeing, ripping in the distance;
from flowing between rock and conscience,
from spurting toward Now out of eternal depth,
along the ardent light of deserts,
floating, softly, through our fingers.

TOTALIDAD DEL FUEGO

Hirviente en tu ardedura te emancipas
de todo trance y toda quiebra. Te elevas
con luz tuya, con tu andar y tu ser propio,
la manera tuya de la dádiva y la entrega,
tu ardiente abrazo en la caricia fiera,
eternizada, quemante en sol poniente,
vigía por la bruma, abrigadora, fértil,
camino ya sin sombra por la esfera.

TOTALITY OF FIRE

Effervescent in your flare you free
yourself of every trance or tear. You rise
with your own light, your own sway, your own being,
your own manner of giving and devotion,
your own fierce love in smouldering embrace
immortalized and blazing in the setting sun,
sentry over the fog, warming and fertile,
a walk that casts no shadow on the globe.

TOTALIDAD DEL AIRE

Eres todo tú por afuera y por adentro,
el recorrido más al tiento y más sin huellas,
el pasar quedándose a ras de los caminos
y el pararse en seco en los desiertos.
Tu ser todo de una a otra esquina, moviendo
las arterias, batiendo a fondo las batallas,
pensándote a ti mismo cuando en mí piensas
sabiéndote yo mismo si respiras, si respiro,
si bebes de mi boca con los labios míos,
si me palpas cuando te trasteas las heridas;
yo que en ti reposo mi mirada, cuando
suelto, por vivir tan solo, un grito o un suspiro.

TOTALITY OF AIR

You are all of you on the outside and inside,
the most tentative, most trackless tour,
careful to travel the edge of the road
and stopping dead at deserts.
Your all-being from one corner to the next, rattling
arteries, stirring battles to the core,
thinking about yourself each time you think of me
acknowledging yourself as me if you breathe, if I breathe,
if you drink of my mouth with my own lips,
if you feel me when you dig into your wounds;
I, who lay to rest my gaze on you when I
release, because I'm so alone, a bellow or a sigh.

TIERRA TOTAL

Pie en tu cuerpo, tu cuerpo como ofrenda
en lo fugaz del suelo, alfombra como estela
paso a paso con pisada moviéndose
entre escombros, palpando los prodigios
del pisar, de ese andar por ti al poniente,
siempre fresca y conseguida, abrigadora,
total, presente hasta el final del día.

TOTAL EARTH

Footing on your body, your body as an offering
given the brevity of the ground, a carpet on the wake
left step by step by the foot moving
through debris, touching upon the marvel
that is stepping, walking on your back toward the sunset
and you are always cool, willing, nurturing,
totally present until the day's end.

RECUERDO DEL POLVO

He estado tan por dentro de esta tierra que parezco
$\qquad\qquad\qquad\qquad$ que soy ella.
He estado tan paciente en sus entrañas, tan metido
$\qquad\qquad\qquad\qquad$ en sus raíces,
tan tozudamente echado a comtemplar sus bajas
$\qquad\qquad\qquad\qquad$ y sus sueños,
los espacios y caminos que la llevan siempre a ser
$\qquad\qquad\qquad\qquad$ solo camino;
sus marañas, sus entuertos, las grietas que la visten
$\qquad\qquad\qquad\qquad$ y la calzan,
que me siento por mis ojos, mis piernas y mis manos
$\qquad\qquad\qquad\qquad$ tierra solo,
tierra con su aliento, su ternura, el rozar del polvo
$\qquad\qquad\qquad\qquad$ que la adorna,
el transcurso de sus aguas, el verdear de un valle
$\qquad\qquad\qquad\qquad$ entre montañas,
el trasiego de sus gentes, el rasgar de un grito, el trajín
$\qquad\qquad\qquad\qquad$ del día
que se filtra y se me escapa por la sombrfa o la noche
$\qquad\qquad\qquad\qquad$ que se agrieta
como luto o como brecha por mi nombre, seco
$\qquad\qquad\qquad\qquad$ entre mis dientes,
para ser, conmigo al cabo, la tierra que fui y a la que vuelvo.

MEMORY OF DUST

I've been so deep inside this earth I seem to be her.
I've been so patient in her womb, so tangled in her roots,
so given willfully to contemplating her lows and dreams,
the spaces and the roads which ever lead her to being just
                                                    a road;
her wrongdoings, her labirynths, the cracks that dress
                                            and fit her,
that I feel for my eyes, my legs and hands just earth,
earth with her breath, her tenderness, the gentle brush
                                of dust adorning her,
her flowing waters, the greening of a vale amidst
                                        the mountains,
the transit of her people, the sharp edge of a scream,
                                the errands of the day
seeping away from me through the gloom or the night
                                like grief or like a chasm
split open through my name, parched on my teeth,
so as to come along with me at last and be the earth I have
                        already been and which I'll be again.

ORLANDO ROSSARDI

Nació en La Habana y dejó la isla en 1960. Ha sido profesor en varias universidades norteamericanas y participado como entrevistador en programas de televisión, además de ocupar cargos administrativos en emisoras de programación en español del gobierno de los Estados Unidos. Ha publicado ensayo, teatro, cuento y poesía. Entre algunos de sus libros de ensayos se destacan los tres tomos de *Teatro Selecto Hispanoamericano Contemporáneo* (Escelicer Madrid, 1971), *La última poesía cubana* (Hispanova, Madrid, 1973), *León de Greiff: Una poética de vanguardia* (Ed. Playor, Madrid, 1974) y, en colaboración, los seis tomos de *Historia de la Literatura Hispanoamericana Contemporánea* (UNED, Madrid, 1976). Su obra poética se recoge en más de una docena de libros, la antología personal *Casi la voz* (Aduana Vieja, Valencia, 2009) y la edición *Obra Selecta* (2019), también de la editorial valenciana Aduana Vieja, en la que se ofrece una selección de toda su obra poética y una amplia bibliografía de su obra completa, así como un estudio de su trabajo. Es miembro numerario de la Academia Norteamericana de la Lengua Española, correspondiente de la Academia Panameña y de la Real Academia Española.

Orlando Rossardi

He was born in Havana, Cuba in 1938. He left the island in 1960, and has since been living in Spain and in the United States. He obtained a Ph.D. at the University of Texas, Austin, and taught at the University of New Hampshire, Wisconsin and Miami Dade College in Florida. He began working in 1984 for Radio Martí in Washington, D.C, and later at their office in Miami, Florida, as programming coordinator and subsequently deputy director, dedicating twenty years of his life to the broadcasting services of the United States Government. Orlando Rossardi published primarily poetry and his collections include *El Diámetro y lo Estero* (1964), *Que voy de vuelo* (1970), *Los espacios llenos* (1991), *Memoria de mí* (1996), *Los pies en la tierra* (2006), *Libro de las pérdidas* (2008), *Casi la voz* (2009), *Canto en la Florida* (2010), *Fundación del centro* (2011) and *Totalidad* (2012). His anthology, *La última poesía cubana* (1973), is considered by critics the first major work bringing together the Cuban poets both from the island and from exile. His other works include six volumes of Historia de la Literatura Hispanoamericana Contemporánea (1976) the three volumes on Teatro Selecto Hispanoamericano Contemporáneo (1971), as well as an essay on the Colombian avant garde poet León de Greiff: *Una poética de vanguardia* (1974). Rossardi is a member of the North American Academy of the Spanish Language (*Academia Norteamericana de la Lengua Española*) and Correspondent of the Royal Academy of the Spanish Language in Madrid, Spain. His research contributions can be found in encyclopedias, dictionaries, and literary magazines in Spain and Latin America as well as in the United States.

Tina Escaja

LLEGA LA MUERTE A DOS, LLEGA EL INVIERNO

y el final de los días
y tu llegada llega.
Llega el fin succionado por el ojo de un dios sin carne,
de un dios obsoleto y cruel que masturba oleajes y rompe
                    el mundo en dos de la ciudad enorme.
                La devora.

Y tú llegas también, aventurera, con tu vientre rosa
                y tu clítoris por hacer, con esa tierna mermelada
                        tuya de cuerpo a concebir.
Liberada de sabios, de mesías, de revelaciones.

Y el mundo sucumbe todo al alegato de dios,
de ese dios sin memoria, sin más rumbo
            que un falo succionado por masas que lo heredan,
                            sin más itinerario
que un profeta loco y confundido perpetuado
                        en dildos y amuletos.

Llegas a tiempo amor,

si acaso sobrevivo la embestida.

DEATH ARRIVES IN TWO, WINTER ARRIVES*

and the end of the days,
your arrival arrives.
The end comes suctioned by the eye of a fleshless god,
of a cruel and obsolete god that masturbates sea swells
and smashes the world of the enormous city in two.
Devouring it.

And you arrive as well, adventuress, with your pink belly
and your clitoris to be made, with your tender marmalade
of a body at conception.
Liberated from wise men, from messiahs, from revelations.

And the world succumbs its all to the declaration of god,
of that god with no memory, with no more direction than
a phallus sucked by masses that inherit him,
with less itinerary
than a crazy confused prophet perpetuated in dildos
and charms.

You arrive on time love,

If by chance I survive the assault.

*Traducción de Mark Eisner

AUTORRETRATO
Luna y cerebro

Helen Chadwick, Self Portrait, 1991
Cibachrome transparency, glass, aluminum, electrical apparatus

Sostengo el córtex cerebral,
eléctricas secuencias que me nombran,
me hacen
ser
lo que acaso ni acojo ni establezco,
meras funciones
que mis manos procuran imprimir,
hacer culto lo oculto,
discernirme
en órgano-tubérculo, cuadrante angular, reproductivo,
esencia y máquina,
la cisura empeñada en la unción
y el disparate.

Serte en hipocampo, en la amígdala, en la capacidad
                                    de nombrar o afasia.
Yo y tu circunferencia gravitatoria.
Creyéndome incapaz
de la medida exacta, del obsoleto encuentro con mi ser
y destino.
Procurándolo o no
licitaciones químicas,
alteraciones, fisuras
de mi asimétrico ser.

SELF PORTRAIT**
Moon and Mind

Helen Chadwick, Self Portrait, 1991
Cibachrome transparency, glass, aluminum, electrical apparatus

I hold the cerebral cortex.
Electrical sequences naming me
generate my
presence,
possibly something I don't take in or resolve,
the mere functions
my hands attempt to inscribe,
to render the occult as culture,
discerning myself
in organ-tubercle, angular quadrant, reproductive quadrant,
essence and machine,
the incision executed through devotion
and hogwash.

To make you present in the hippocampus, the amygdala,
the ability to name, or aphasia.
Me and your gravitational circumference.
Believing myself incapable
of the precise measure, the obsolete encounter with
my existence
and my fate.
Pulling it off or not
chemical options at auction,
alterations, fissures
in my asymmetrical self.

En mis manos,
plástica y huidiza como los sueños,
perdida en galaxias de circuitos y vaivenes, que decretan
billones de células nerviosas,
mi conciencia.

En mis manos,
la máquina sin alma ni espejismo, ni oasis que me salve,

luna y cerebro.

In my hands,
plastic and evasive as dream,
lost in galaxies of circuitry and fluctuation that dictate
billions of nerve cells,
my consciousness.

In my hands
the machine, no soul or mirage or oasis to save me,

moon and mind.

MEMORIAL DE ISLA NEGRA

Las gaviotas de Isla Negra
y aledaños
son democráticas
cagan por todas partes,
cagan sobre la tumba de Neruda,
cagan en las barandas, sobre las tiendas de cachivaches,
                    en los sombreros de taiwanesas,
cagan sobre los árboles en las alamedas y en los vestigios
                            de mar sobre la playa.

Sólo respetan
la tumba de Huidobro,
primero porque es gratis
y son pájaros cagones pero solidarios. Segundo,
porque Huidobro fue un iconoclasta y hasta fue comunista
aunque rico (como muchos).

Por eso cuando visites a Neruda,
no olvides detenerte sobre Huidobro y plantearte
               la posibilidad de no ser libremente maculado
por las heces incongruentes de este pájaro
                         felizmente marino.

ISLA NEGRA: A NOTEBOOK**

Seagulls in Isla Negra
and vicinity
are democratic,
they shit everywhere,
they shit on Neruda's grave,
they shit on railings, on the souvenir shops,
   on the hats worn by Taiwanese tourists,
they shit on the trees along the avenues
    and on seadregs along the beach.

They respect only
Huidobro's grave,
first because that one is free
and they're shitheads but they get solidarity. Second
because Huidobro was an iconoclast,
a Communist even,
though wealthy (like many others).

So when you visit Neruda
don't forget to stop above Huidobro and consider
 the possibility that you can avoid those liberal splatters
of incongruent excrement from this blessedly
    seafaring bird.

**Traducción de Kristin Dijkstra

TINA ESCAJA

(Alm@Pérez) es una cyber-poet@ destructivist/a, artista digital y Profesora Distinguida de Lenguas Romances y Estudios de Género en la Universidad de Vermont. Ha publicado y editado numerosos artículos y volúmenes de crítica literaria sobre género sexual, tecnología y poesía ibeoramericana. Considerada pionera en la literatura electrónicas, su trabajo creativo trasciende el formato en papel y ha sido expuesto en sus variantes multimedia, robótica y de realidad aumentada en museos y galerías internacionales. Entre sus galardones como escritora se encuentra el Premio Hispanoamericano de Poesía "Dulce María Loynaz" por su poemario *Caída libre*. Los poemas y artefactos digitales de Tina Escaja han aparecido en numerosas antologías, y han sido traducidos a seis idiomas. Sus obras teatrales han sido representadas en México, Taiwán y EE.UU. Es asimismo instigadora del movimiento Destructivist/a, iniciado sobre la tumba del Vicente Huidobro en octubre de 2014. Una selección de las obras de Tina Escaja puede experimentarse en www.tinaescaja.com.

TINA ESCAJA

(Alm@Pérez) is a destructivist/a cyber-poet@, digital artist and Distinguished Professor of Romance Languages and Gender & Women's Studies at the University of Vermont. As a literary critic, she has published extensively on gender and contemporary Latin American and Spanish poetry and technology. Considered a pioneer in electronic literature, her creative work transcends the traditional book format, leaping into digital art, robotics, augmented reality and multimedia projects exhibited in museums and galleries internationally. Among other recognitions and awards, she received the International Poetry Prize "Dulce María Loynaz" for her collection *Caída Libre*. Escaja's poems, fiction and digital work have appeared in numerous collections and have been translated into six languages. Her theater plays have been produced and performed in Taiwan, Mexico, and the US. She is the instigator of the Destructivist/a movement, initiated on the grave of Vicente Huidobro in October of 2014. A selection of Escaja's works can be experienced at www.tinaescaja.com.

Daisy Zamora

LA INMIGRANTE

Se despierta extrañada
desconociendo el cuarto.
¿Adónde se fue el padre,
dónde la madre
que hace un momento apenas
la acompañaban?
¿Dónde están las palabras
de la conversación,
y el patio oloroso
después del aguacero?
Se levanta y suspira.
Este cuarto extranjero
y la luz indiferente
de una mañana cualquiera
que la hiere.
Desde la calle
los ruidos de la vida entran.
Y el sueño queda estrujado
como un pañuelo.

THE IMMIGRANT*

She wakes up feeling odd
in a strange room.
Where is the father
and the mother
who just a moment ago
were with her?
Where are the words
of the conversation,
and the fragrant courtyard
after the downpour?
She gets up and sighs.
This foreign room
and indifferent light
of any morning
hurts her.
From the street
come the noises of life.
And the dream is left crumpled
like a handkerchief.

MUERTE EXTRANJERA

A Francisco Zamora Gámez
y Rogelio Ramírez Mercado

¿Qué paisajes de luz, qué aguas, qué verdores,
qué cometa suelto volando a contrasol
en el ámbito azul de una mañana?
¿Qué furioso aguacero, qué remoto verano
deslumbrante de olas y salitre,
qué alamedas sombrías, qué íntimo frescor
de algún jardín, qué atardeceres?
¿Cuál luna entre tantas lunas,
cuál noche del amor definitivo
bajo el esplendor de las estrellas?
¿Qué voces, qué rumor de risas y de pasos,
qué rostros ya lejanos, qué calles familiares,
qué amanecer dichoso en la penumbra de un cuarto,
qué libros, qué canciones?
¿Qué nostalgia final,
qué última visión animó tus pupilas
cuando la muerte te bajó los párpados
en esa tierra extraña?

DEATH ABROAD*

For Francisco Zamora Gámez
and Rogelio Ramírez Mercado

What lit landscapes, what waters, what lush greens,
what kite flying loose against the sun
in a blue morning journey?
What furious storm, what distant summer
dazzling with waves and salt air,
what dark treelined streets, what cool intimacy
of a garden, what evenings?
Which moon among moons,
which night of definitive love
under the splendor of stars?
What voices, what murmuring laughter and footsteps,
what faces grown distant, what familiar streets,
what blissful daybreak in a half-lit room,
what books, what songs?
What final nostalgia,
what last vision illuminated your sight
when death lowered your eyelids
in that strange land?

SER MUJER

A María Guadalupe Valle Moreno

Haber nacido mujer significa:
poner tu cuerpo al servicio de otros,
dar tu tiempo a otros,
pensar sólo en función de otros.
Haber nacido mujer significa:
que tu cuerpo no te pertenece,
que tu tiempo no te pertenece,
que tus pensamientos no te pertenecen.
Nacer mujer es nacer al vacío.
Si no fuera porque tu cuerpo-albergue
asegura la continuidad de los hombres
bien pudieras no haber nacido.
Nacer mujer es venir a la nada.
A la vida deshabitada de ti misma
en la que todos los demás —no tu corazón—
deciden o disponen.
Nacer mujer es estar en el fondo
del pozo, del abismo, del foso
que rodea a la ciudad amurallada
habitada por Ellos, sólo por Ellos,
a los que tendrás que encantar, que engañar,
servir, venderte, halagarlos, humillarte,
rebelarte, nadar a contra corriente, pelear,
gritar, gritar, gritar
hasta partir las piedras,
atravesar las grietas,

TO BE A WOMAN*

For María Guadalupe Valle Moreno

To be born a woman means:
putting your body at the service of others,
giving your time to others,
thinking only in terms of others.
To be born a woman means:
that you don't own your body,
you don't own your time,
don't own your thoughts.
Being born a woman means being born in a void.
If your body-shelter didn't
guarantee the propagation of men
you might as well not have been born.
To be born a woman is to come to nothing.
A life devoid of yourself
where everyone else—not your heart—
decides or stipulates.
To be born a woman is to be at the bottom
of the well, the abyss, the moat
around the walled city
inhabited by Them, only by Them,
whom you'll have to charm, fool,
serve, sell out to, flatter, humiliate yourself for,
rebel against, swim against the current of, fight,
shout, shout, shout
until you split the stones,
escape through the cracks,

botar el puente levadizo, desmoronar los muros,
ascender el foso, saltar sobre el abismo,
lanzarte sin alas a salvar el precipicio
impulsada por tu propio corazón
sostenida por tus propios pensamientos
hasta librarte del horror al vacío
que tendrás que vencer
sólo con tu voz y tu palabra.

knock down the drawbridge, destroy the walls,
get over the moat, jump the abyss,
throw yourself wingless across the precipice
driven by your own heart
supported by your own thoughts
until you're freed from the horror of the void
you will only defeat
with your voice and your word.

*Traducción de George Evans

DAISY ZAMORA

Poeta nicaragüense, prominente en la literatura latinoamericana contemporánea. Autora de numerosos poemarios en español, es también editora de la primera antología de mujeres poetas nicaragüenses publicada en América Latina. Varios de sus poemarios han sido publicados en inglés, en los Estados Unidos e Inglaterra. Sus ensayos, artículos y traducciones han sido ampliamente publicados, y su poesía aparece en antologías en treinta idiomas, incluido el Oxford Book of Latin American Poetry. Su más reciente colección de poesía, *La violenta espuma*, fue publicada en 2018 por Visor Libros (España). Entre sus premios se incluyen una beca del Consejo de Artes de California y el Premio Nacional de Poesía Mariano Fiallos Gil de Nicaragua. Ha dado recitales y conferencias alrededor del mundo y a través de los Estados Unidos. Zamora apareció recientemente en el galardonado documental de la directora Jenny Murray *¡Las Sandinistas!,* y fue destacada como poeta en la serie de PBS de Bill Moyer, *The Language of Life*. Enseña en la Universidad Estatal de San Francisco y está casada con el escritor estadounidense George Evans.

DAISY ZAMORA

Nicaraguan poet, prominent in contemporary Latin American literature. Author of numerous poetry books in Spanish, and several translated collections in the United States and England, she also edited the first comprehensive anthology of Nicaraguan women poets published in Latin America. Her essays, articles, and translations have been widely published, and her poetry appears in anthologies in thirty languages, including the Oxford Book of Latin American Poetry. Her latest poetry collection, *La violenta espuma*, was published in 2018 by Visor Libros (Spain). Her awards include the Mariano Fiallos Gil National Poetry Prize of Nicaragua, and a California Arts Council Fellowship. She has given poetry readings and lectures throughout the world, including many venues in the U.S. Zamora was recently featured in director Jenny Murray's award winning documentary *¡Las Sandinistas!,* and was a featured poet in Bill Moyer's PBS series *The Language of Life*. She teaches at San Francisco State University, and is married to U.S. writer George Evans.

Isaac Goldemberg

ARTE POÉTICA (I)

> Sigo pensando que la poesía es otra cosa.
> JOSÉ EMILIO PACHECO

Sales como alma que se lleva el Diablo,
soplan los faroles luces en boca de la noche,
desvencijadas maletas se desfondan risueñas
en el viaje que vuelve emborrachado
y entras temeraria con dientes como dagas.
No te detengas.
Te salvarás si logras penetrar lo oscuro,
desaparecerá tu rostro en la sangre del prójimo,
sirenas callarán frente al hueso del accidente.
Ponte en la cola.
Recoge tu boleto.
Súbete a la vida.

ARS POETICA (I)*

> I keep thinking that poetry is something else.
> JOSÉ EMILIO PACHECO

You exit like a soul being carried away by the Devil,
the streetlamps blow lights into the mouth of the night,
rickety suitcases smile as their bottoms rip open
on the journey that comes back drunk
and you enter reckless with teeth like daggers.
Don't stop.
You will be saved if you manage to penetrate the darkness,
your face will disappear in the blood of your neighbor,
sirens will quiet in front of the bone of the accident.
Stand in line.
Pick up your ticket.
Board life.

ARTE POÉTICA (II)

> Un sueño es una forma involuntaria de arte poética
> IMMANUEL KANT

Estoy de espaldas a la vida
y esta alza su silencio bajo el mío,
aún no rebalsa la sombra en que se plasma
porque mi despertar detrás de ella me deslumbra
y la sequedad del ruido mancha mi alma,
impidiendo que flote mi cuerpo sobre la tierra.
Adrede rehúso abrir los ojos,
sobre mi ajena angustia,
hecho pedazos, luchando grave
fuera de mi, liberto,
separado de la luz y de las sombras,
para evitar morir,
como hilacha de carne en la memoria.
Lo que fuera de mi se calla
rehuyendo zafarse del vacío
se esconde encogiéndose
en imágenes de vigilia
en la última ola de palabras,
libre de voces hasta partir
como único grito de la sílaba.
Mi cuerpo, rápido, de pie
ante la pobre desazón del adjetivo,

ARS POETICA (II)*

> A dream is an involuntary form of poetic art
> IMMANUEL KANT

I have my back to life
and she raises her silence under mine,
She does not yet overflow the shadow in which she
                                        shapes herself
because my waking behind her dazzles me
and the dryness of the noise stains my soul,
preventing my body from floating above the earth.
I refuse to open my eyes on purpose,
over my detached anguish,
torn asunder, fighting gravely
out of myself, freed,
removed from the light and the shadows,
to avoid dying,
like a thread of flesh in memory.
What's outside of me quiets
refusing to pull away from the emptiness
hides shrinking
in vigilant images
in the last wave of words,
free of voices until parting
as the only cry of the syllable.
My body, quick, on foot
facing the poor uneasiness of the adjective,

alza el alma, no ve al que se aleja
intentando hallarse en la imagen,
desconcertado frente al rugir del verbo
obviando su corazón ajeno
a espaldas mías, entregado.

lifts its soul, and does not see the one who walks away
trying to find himself in the image,
bewildered at the roar of the verb
oblivious to his disconnected heart
behind me, surrendered.

VIDA NUEVA

Me gustará vivir siempre, así fuese de barriga,
porque, como iba diciendo, y lo repito,
¡tanta vida y jamás!
CÉSAR VALLEJO

Los árboles darán sombra
y ricos y pobres serán iguales debajo de la tierra
Niños y adultos estarán conectados
a la red celestial del internet
y se encenderán cirios recordatorios
desde cualquier rincón del planeta
Nacionales como extranjeros
serán protegidos por una compañía de seguros:
El precio del pasaje estará incluido
y se asegurará el transporte del difunto
y de familiares y amigos que deseen acompañarlo
Se ofrecerán también servicios de mantenimiento
$$\text{y de jardinería.}$$

Luis Alberto Ambroggio / Compilador

New Life*

> I will like to live always, even if it were on my belly,
> because, as I was saying, and I reiterate,
> so much life and never!
> CÉSAR VALLEJO

The trees will give shade
and rich and poor will be equal beneath the earth
Children and adults will be connected
to the heavenly web of the internet
and memorial candles will be lit
from any corner of the planet
Citizens as well as foreigners
will be protected by an insurance company:
The price of the ticket will be included
and the transport of the deceased will be insured
as will be that of relatives and friends who wish
                              to accompany him
And maintenance and gardening services will
                              also be offered

*Traducción de Sasha Reiter

ISAAC GOLDEMBERG

Nació en Chepén, Perú, en 1945 y reside en Nueva York desde 1964. Ha publicado cuatro novelas, un libro de relatos, trece de poesía y tres obras de teatro. Sus publicaciones más recientes son *Libro de reclamaciones* (2018), *Philosophy and Other Fables* (2016), *Dialoghi con me e con i miei altri/Diálogos conmigo y mis otros* (2015) y *Remember the Scorpion* (2015). Es autor también de El gran libro de *América judía* (antología de 2240 páginas, 1998). En 1995 su novela *La vida a plazos de don Jacobo Lerner* fue considerada por un comité de críticos y escritores como una de las mejores novelas peruanas de todos los tiempos; y en el 2001 fue seleccionada por un Jurado Internacional de críticos literarios convocado por el Yiddish Book Center de Estados Unidos como una de las 100 obras más importantes de la literatura judía mundial de los últimos 150 años. Su obra ha sido sido traducida a varios idiomas e incluida en numerosas antologías de América Latina, Europa y los Estados Unidos. Ha recibido, entre otros, el Premio Nuestro de Novela (1977), el Premio Nathaniel Judah Jacobson (1996), el Premio Estival de Teatro (2003), el Premio de Ensayo Luis Alberto Sánchez (2004), la Orden de Don Quijote (2005), el Premio Tumi a la Excelencia (2014) y el Premio de Poesía del P.E.N. Club del Perú (2015). En 2014, la Casa de la Literatura Peruana en Lima, presentó "Tiempos y Raíces", una Exhibición/Homenaje dedicada a su vida y obra. Goldemberg figura en la lista de "Autores iberoamericanos más estudiados en las universidades de Estados Unidos", compilada por el Gale Research Institute.

ISAAC GOLDEMBERG

He was born in Peru in 1945 and has lived in New York since 1964. He is in the author of four novels, a collection of short fiction, thirteen collections of poetry and three plays. His most recent publications are *Libro de reclamaciones* (2018), *Philosophy and Other* Fables (2016), Dialoghi con me e con i miei altri/Diálogos conmigo y mis otros (2015), and Remember the Scorpion (2015). He is also the author of El gran libro de América judía (The Great Book of Jewish America (a 2240-page anthology, 1998). In 1995 his novel The Fragmented Life of *Don Jacobo Lerner* was selected by a committee of writers and critics as one of the best 25 Peruvian novels of all times and in 2001 a panel of international scholars convened by the National Yiddish Book Center chose it as one of the 100 greatest Jewish books of the last 150 years. His work has been translated into several languages and included in numerous anthologies in Latin America, Europe and the United States. He has received the following awards, among others: the Nuestro Fiction Award (1977), the Nathaniel Judah Jacobson Award (1996), the Estival Theater Award (2003), the Luis Alberto Sánchez Essay Award (2004), the Order of Don Quijote (2005), the Tumi Excellence Award (2014), and the P.E.N. Club of Peru Poetry Award (2015). In 2014, the Casa de la Literatura Peruana (House of Peruvian Literature) in Lima, presented "Tiempos y Raíces" (Times and Roots), a Homage/Exhibition devoted to his life and works. Goldemberg appears in the list of "Most Studied Ibero-American Authors in United States Universities," compiled by the Gale Research Institute.

Fue director de la Feria del Libro Latinoamericano de Nueva York (1985-1995), catedrático de New York University (1973-1986) y Profesor Distinguido de The City University of New York en Hostos Community College (1992-2019), donde fue director fundador del Instituto de Escritores Latinoamericanos y de la revista internacional de cultura Hostos Review. Es Miembro Numerario de la Academia Norteamericana de la Lengua Española y profesor honorario de la Universidad Ricardo Palma, de Lima, Perú.

He was director of the New York Latin-American Book Fair (1985-1995), Professor at New York University (1971-1986), and Distinguished Professor of Humanities of The City University of New York at Hostos Community College (1998-2019), where he was the founder-director of the Latin American Writers Institute and the founder-editor of Hostos Review, an international journal of culture. He is also a Fellow Member of the North American Academy of the Spanish Language and Honorary Professor of the Ricardo Palma University in Lima, Peru.

Luis Alberto Ambroggio

SALVAJE

El salvaje amable y desbordante ¿Quién es?
WALT WHITMAN

Hay algo que conjura
en la raíz de la palabra selva,
salvaje; desafía
los atavíos ficticios de lo civilizado.

Alguien contó que mi abuela
practicaba la anarquía
yo añoro la independencia desacreditada
de la barbarie,
esa que fue destruida por la conquista,
su sabiduría de piedra,
los templos de su cultura,
su comunión con la naturaleza infinita,
su respiro de ojos puros en el aire.
donde el agua nos toca.

Me escapo a la frontera primitiva
con un cuerpo liberado
de la jerarquía del alma
y todos sus decretos.
Soy nativo en el territorio
de animales y bosques,
montañas, lagos, universo de familia,
pionero audaz de mi propio centro.

SAVAGE*

> The friendly and flowing savage, who is he?
> WALT WHITMAN

There is something in the root of
the word jungle that conjures,
savage; it challenges
the fictitious trappings of the civilized.

Someone revealed that my grandmother
used to be an anarchist.
I yearn for the discredited independence
of barbarity,
of the sort destroyed by conquest,
its rock solid wisdom,
its culture's temples,
its communion with infinite nature,
its clear-sighted breath in the air
where water touches it.

I escape to the primitive frontier
with a liberated body
of the soul's hierarchy
and all its decrees.
I am native to the territory
of animals and forests,
mountains, lakes, universe of progeny,
audacious pioneer of my own center.

¿Qué ostentación civilizada
encarna la guerra?
¿La de los sepulcros, injusticias
y el montón anónimo de crueldades?

Yo, nosotros, todos queremos ser
el salvaje amable y desbordante
que domine la civilización
con conductas arbitrarias
como las de los copos de nieve…
como las de las hierbas,
su cabellera sin peinar,
su risa libre, ingenua.

What civilized pomposity
does war embody?
That of sepulchers, injustices
and a heap of anonymous cruelties?

I, we, all of us want to be
the friendly and flowing savage
who subdues civilization
with arbitrary behaviors
like those of *snow-flakes,*
words simple as grass,
uncomb'd head,
laughter, and naiveté.

Hostiles solo contra quienes agotan
la bondad de los granos,
los que inmolan la tierra,
las lloviznas dulces.
las mariposas, las flores, sus hermanos,
los que arrancan las páginas afectuosas
del libro ágil del calendario,
los que venden la libertad
con sangre en sus manos.

Anhelamos que nazcan
nuevas formas en las puntas de sus dedos
y que, sin ley, nos amen.

Hostile only against those who exhaust
the generosity of grains,
those who sacrifice the land,
sweet sprinklings of rain,
butterflies, flowers, their brothers and sisters,
those who uproot the tender pages
of nimble books of calendars,
those who sell freedom
with blood on their hands.

We long for the birth of
new forms from the tips of his fingers
and that, lawless, they might love us.

CANTO DE/A/MÍ/ SÍ/MISMO

> Y aquello que yo me apropio habrás de apropiarte.
> WALT WHITMAN

Este Yo desperdigado.
hispano, latino, rubio, negro, cobrizo,
nativo e inmigrante, con todos estuvo aquí
antes y ahora; ahora y mañana; no se detiene,
átomo virginal de la desnudez y el polvo,
del hijo universal de Manhattan
del cosmos sin alambres
y el remolino de los ecos.

Niño con la sabiduría de las preguntas,
hijo de pobres y de ricos, de educados y analfabetos,
de rieles, siembras, clases y cuidados,
que brotarán con cuerpos sin un olvido,
semilla en su tierra de sangre nueva,
que recoge manos, pupilas, voces,
el sabor de los océanos
el olor de dulces selvas,
polen de Dios, días y noches
centro del yo que danza con muchos,
hombres, mujeres, jóvenes y viejos
en la luz del surco del infinito,
con manos abiertas, sin muros,
raíces libres mías y de todos
al pie del canto

SONG OF/TO/MY/YOUR/SELF*

> What I assume you shall assume
> WALT WHITMAN

This Self – Hispanic, Latin, blond, black,
olive-skinned, native and immigrant –
dispersed far and wide
was here with everyone, yesterday and again today;
today and tomorrow; does not stop,
virginal atom of nakedness and dust,
of Manhattan's universal son
the uncaged cosmos
and the echoes' whirlwind.

Child with the wisdom of questions,
offspring of poor and rich, of lettered and unlettered,
of rails, planting times, classes and cares,
which will sprout, embodied, with nothing forgotten,
seed in its newly bloodstained earth,
which gathers hands, pupils, voices,
the savor of oceans,
the smell of sweet jungles,
God's pollen, days and nights
at center of the Self that dances with many,
men, women, young people and old
in the light of the infinite's furrows,
with open hands, without walls,
free roots of mine and everyone's
at the foot of the song

que ahora festeja
sin credos ni bibliotecas.

Con todos los colores que agitan su raza,
romana, celta, hebrea, mora,
hispana, aborigen, con reinos de muchedumbres
frescas en el árbol de la vida.

Hierba, niña, niño, germen suplicante
en la atmósfera del amor y los relojes,
Dios de la promesa y el porvenir,
reciente y antiguo en el pueblo nuevo,
ido y llegado del pueblo viejo,
el corazón de la humanidad en la luna de las manos,
el aliento de las sílabas.
Porque es voz, zumbido de hojas verdes y secas
que ama por igual
en el color de su época, el parque que es, soy,
somos, hoy, aquí, ayer y siempre,
el territorio impreciso del misterio.

Es puertorriqueño, chicano,
de la Cuba libre merenguera,
de Santo Domingo y todo el Caribe,
de El Salvador y Nicaragua.
Viene de México, América Central,
(Nicas, Catruchos, Ticos, Guanacos, Chapines)
de Costa Rica, el Tikal, Guatemala,
de sus selvas, lagos de sal y miel,
de Panamá, Colombia, Perú y Venezuela,

that now celebrates
without *creeds or schools.*

With all the colors that stir up their race,
Roman, Celtic, Hebrew, Moor,
Hispanic, Aborigine, with kingdoms of multitudes
fresh in the tree of life.

Grass, girl or boy child, suppliant germ
of love and timepieces in the atmosphere,
God of the promise and the future,
modern and ancient in the new people,
come and gone from among the old people,
humanity's heart in the moon, hands' mirror,
the breath of syllables.
Because it is voice, hum of green and dry leaves
that loves equally,
in the color of its time, the park that is, am,
are, today, here, yesterday and forever,
the mystery's imprecise territory.

This Self is Puerto Rican, Chicano,
from Cuba free dancer of merengues,
from Santo Domingo and all the Caribbean,
from El Salvador and Nicaragua.
It comes from Mexico, Central America,
from Costa Rica, Tikal, Guatemala,
from their rainforests, lakes of salt and honey,
from Panama, Colombia, Peru and Venezuela,

los maíces de las pampas argentinas,
las venas de uva de Chile, la quena de Bolivia,
de sus mayas, quechuas, aztecas, incas
de los guaraníes, el Amazonas, Ecuador,
del Uruguay charrúa y sus riberas,
gauchos, criollos, europeos, mestizos,
mulatos, güeros, turcos, asiáticos, sirio-libaneses,
pibes, gurises, paisas, rotos, chipotes.

Lo acosan y espantan hélices y metrallas,
los centavos del martillo y las cenizas.
Patrón y jornalero; esclavo aún del trabajo,
pintor de ranuras, creador ingenioso de techos, pavimentos
en la agonía de la sangre del ayer y el todavía
del lunes de los comienzos y el domingo de las fiestas.

Lo traducen y no lo traducen las bienvenidas,
los graznidos del rechazo y el silencio sin sol
de la indiferencia, los días, las manos grises.

Pertenece a la familia y a veces lo invitan, otras lo excluyen
de las cenas familiares y su menú de auroras;
cuando viene la compañía, se han acostumbrado
a que solo limpie, cocine o sirva la mesa.

Sufre ahora, y en el próximo viento, el humo discriminante

the corn crops of the Argentine pampas,
Chile's veins of grapes, Bolivia's reed flute,
from the Mayas, Quechuas, Aztecs, Incas,
from the Guaranís, from the Amazon, Ecuador,
from the Uruguay of the Charrúas and its shores,
gauchos, criollos, Europeans, mestizos,
mulattos, the fair-skinned, Turks, Asians, Syrian or
                                        Lebanese,
waifs, streetwalkers, huddled masses of Latin America
                        with their many names.

It is harassed and startled by propellers and shrapnel,
by ashes and the hammer's hard-won pennies.
Boss and day laborer; still the job's slave,
painter of trenches, resourceful creator of roofs, pavement
on the agony of yesterday's blood and the even-now
of the Monday of beginnings and the Sunday of holy days.

It is expressed and is not expressed by welcomes,
the yowls of rejection and the sunless silence
of indifference, every day, gray hands.

It belongs to family and sometimes they invite it, other
times exclude it
from family suppers and their menu of dawns;
when the assemblage is gathered, they have become used
to its only cooking, serving, or cleaning up after the meal.

It suffers now, and in the next gust of wind,
                        the discriminating smoke

del aliento en el azar, para bien o para mal
de quienes respiran intoxicados ignorancia o altanería
sin racimos de estrellas, montes, nubes celestes,
manantiales de dádivas y de praderas.

El sueño de tu creación, patria de muchas patrias,
lo definió y descompuso al mismo tiempo
en el fermento de leyes caprichosas
que atacaron a la libertad y felicidad en su camino
y el de todos los que suscribieron tus artículos.

Le gustan y no le gustan las palabras, la víspera
de los silencios, vocablos teñidos en el antagonismo
de imperios y conquistas, bienvenidas, ataúdes y desprecios,
oros recibidos y robados.

No lo destruirán, aunque sea maestro o estudiante,
seguidor o dirigente. Trataron sin suerte
porque la historia y su alma, a la que pertenecemos
y pertenece en este paño de sustancias y tiempos,
no lo permiten.

Soy inmenso y contengo multitudes.
No podrán negarme ni ignorarme ni declararme
indocumentado:
estoy escrito en ti, en todos,
como todos lo están en mí,
en el barro y en el cielo blando de la brisa,
en el significado sabroso de tu cuerpo.

of random breath, for good or bad of those
who intoxicated breathe ignorance or haughtiness
without clusters of stars, mountains, heavenly clouds,
wellsprings of gifts and of meadows.

The dream of your creation, fatherland of many
                                        fatherlands,
at the same time defined and disturbed
in the ferment of capricious laws
that attacked freedom and happiness in their path
and the paths of all who signed your articles.

It likes and does not like the words, the eve
of silences, words dyed in the antagonism
of empires and conquests, welcomes, coffins and slights,
gold pieces received and robbed.

They will not destroy this Self, although it be teacher or
                                        student,
follower or leader. They tried without luck
because history and its soul, to which we belong
and it belongs in this cloth of substances and times,
do not allow it.

I am large, I contain multitudes.
They will not manage to deny me or ignore me or declare
me undocumented:
I am written in you, in all,
as all are in me,
in clay and in the breeze's gentle sky,
in the delightful meaning of your body.

Con la voz sabia del pueblo, se queja y no se queja.
Como todos, triunfa en las derrotas y pierde, a veces,
en las victorias de los puentes,
porque la ventura de la espiga la lleva dentro,
fuera, en el ombligo de la agonía.
Canta con la voz de los campos devorados,
el sudor de las estrías y sus dones,
el cuerpo robusto y abrumador de las ciudades.
Quiere ser la voz del río y no solo de las prohibidas;
sino también de las voces estrictamente ignoradas.

No desearía ir a un bosque
en el que deba evitar las raíces.

En el yo de todos,
el alma universal del poema,
en cada Walt Whitman interminable,
cosmos sin rúbricas,
ola en las olas, mundos compartidos,
en el amarillo que vibra,
danzo, sonrío, lloro:
Me canto y me celebro.

With the people's wise voice, it complains and does not
                                                    complain.
Like everyone, it triumphs in its defeats and loses,
                                                    sometimes,
in the victories of bridges,
because the shank's good fortune carries it inside
and outside of agony's navel.
It sings with the voice of ravaged fields,
the sweat of striae and its gifts,
the robust and oppressive body of cities.
It aims to be the river's voice and not only of the
                                                    forbidden,
but also strictly unknown voices.

It would not wish for entrance to a forest
whose roots it must avoid.

In everyone's Self,
the poem's universal soul,
in each innumerable Walt Whitman,
cosmos without rubrics,
wave among waves, shared worlds
inside vibrating yellow,
I dance, I smile, I cry:
I celebrate myself, and sing myself.

*Traducción de Brett Alan Sanders

OÍD EL SILENCIO AZUL DE SUS GRITOS

The poet's desire to write her own ending
Washington Post, 19 de julio de 2003

Oíd el silencio azul de sus gritos.

Oíd en Atenas a quien caminaba sus diálogos:
Hay una decisión soberana en la muerte.

Oíd y no mencionéis el disparo, la cicuta, las píldoras,
la navaja negra, la meta de un martirio,
o los nombres de Alfonsina, Alejandra,
María Mercedes, Lugones u otras aves sueltas,
Porque es un vano ejercicio de cultura.

Oíd su sueño en el mar infinito.
Oíd los alaridos de la patria rota.
Y no le preguntéis superfluamente
a la memoria del asterisco.

En el poema, lánguido clamor de humo,
Yacen sus vidas. Muertos breves:
Oíd el silencio azul. Las mariposas luego vuelan
llegando por fin la hora de mirar al viento.

Oíd a la oscuridad y a la distancia
y velad con reverencia
las ilusiones mágicas de las noches.

LISTEN TO THE BLUE SILENCE OF THEIR CRIES**

> The poet's desire to write her own ending
> *Washington Post*, July 19, 2003

Listen to the blue silence of their cries.

Listen to Socrates, who walked his dialogues in Athens:
There is a sovereign decision in death.

Listen but don't mention the shooting, the hemlock,

                      the pills,

the black razor, the goal of martyrdom,
or the names of Alfonsina, Alejandra,
María Mercedes, Lugones, or other freed birds,
because it is a vain exercise in culture.

Listen to their dream in the infinite sea.
Listen to the shrieks of the broken homeland.
And do not ask the asterisk
superfluously about its memory.

In the poem, languid clamor of smoke,
lie their lives. Brief deaths:
Listen to the blue silence. Later, butterflies wing,
arriving finally at the hour for watching the wind.

Listen to the darkness and the distance
and keep watch, with reverence,
over the magic illusions of the night.

**Traducción de Yvette Neisser

LUIS ALBERTO AMBROGGIO

Nació en Córdoba, Argentina. Es miembro de la ANLE, Real Academia Española, calificado por la Casa de América como *"Representante destacado en la vanguardia de la poesía hispanoamericana en los Estados Unidos"*. Autor de más de 25 libros de ensayos, narrativa, poemarios, entre ellos: *El arte de escribir poemas* (2009), *Estados Unidos Hispano (2015), Los habitantes del poeta (1997), Laberintos de Humo (2005), La desnudez del asombro (2009), Difficult Beauty (2009), La arqueología del viento* (2011; 2013 International Latino Best Book Award), *Homenaje al Camino* (2012), *Todos somos Whitman* (2014), *En el Jardín de los vientos. Obra Poética 1974-2014. Principios Póstumos (2018).* Antologías: *Al pie de la Casa Blanca. Poetas hispanos de Washington, DC* (2010), *Antología de los poetas laureados estadounidenses (2018).* Traducido a 12 idiomas, con premios y reconocimientos, como el Premio Simón Bolívar, la Beca *Fullbright Hays,* la Orden de los Descubridores de la Hispanic National Honor Society, Doctorado Honoris Causa Tel-Aviv, Israel, Medalla Trilce, Universidades de Trujilo y Brigham Young University. Declarado Hijo Adoptivo de la ciudad natalicia de César Vallejo. Sobre su obra, seleccionada para el Archivo de Literatura Hispano-Americana de la Biblioteca del Congreso, se han escrito ensayos, artículos y libros, entre ellos, *El cuerpo y la letra* (Mayra Zaleny Ed.: 2008), *El exilio y la Palabra. La trashumancia de un escritor argentino-estadounidense* (Rosa Tezanos-Pinto Ed.: 2012). http://es.wikipedia.org/wiki/Luis_Alberto_Ambroggio

LUIS ALBERTO AMBROGGIO

He is an internationally known Hispanic-American poet, born in Argentina and reborn in the USA. He is the author of twenty collections of poetry, essays, and short stories published in Argentina, Costa Rica, Mexico, Nicaragua, Spain, and the United States, amongst them *We are all Whitman* (University of Houston, Arte Público Press). His poetry has been translated into several languages and has been selected for the Archives of Hispanic Literature of the Library of Congress. Ambroggio has received numerous awards and recognitions such as the *Fulbright-Hays Award, Simón Bolívar award, Trilce* Medal from Instituto Vallejiano, Order of the Discoverers, the Abraham Lincoln Medal and the Excellence Award from the Washington D.C. Region for his literary and philanthropic contributions. He was nominated for the prestigious *Reina Sofia* Poetry Award in 2015. Ambroggio holds the honor of having been appointed a member of the Royal Academy of the Spanish Language, North American Academy of the Spanish Language and PEN, the world's oldest Human Rights organization and the oldest international literary organization.

https://en.wikipedia.org/wiki/Luis_Alberto_Ambroggio

ÍNDICE

Naomi Ayala

Orlando Rossardi

Colección
PIEDRA DE LA LOCURA
Antologías personales
(Homenaje a Alejandra Pizarnik)

Colección
MUSEO SALVAJE
Poesía latinoamericana
(Homenaje a Olga Orozco)

Colección
LABIOS EN LLAMAS
Poesía emergente
(Homenaje a Lydia Dávila)

1
Fiesta equivocada
Lucía Carvalho

2
Entropías
Byron Ramírez Agüero

3
Reposo entre agujas
Daniel Araya Tortós

***

Colección
MEMORIA DE LA FIEBRE
Poesía de género
(Homenaje a Carilda Oliver Labra)

Colección
VEINTE SURCOS
Antologías colectivas
(Homenaje a Julia de Burgos)

1

Antología 2020 / Anthology 2020
Ocho poetas hispanounidenses / Eight Hispanic American Poets
Luis Alberto Ambroggio

***

Colección
SOBREVIVO
Poesía social
(Homenaje a Claribel Alegría)

1

#@nicaragüita
María Palitachi

Colección
TRÁNSITO DE FUEGO
Poesía centroamericana y mexicana
(Homenaje a Eunice Odio)

Para los que piensan como Manuel
Adrián López que la poesía "ofrce un
abrazo silencioso", este libro se terminó
de imprimir en el mes de abril de 2020 en
los Estados Unidos de América.

www.ingramcontent.com/pod-product-compliance
Lightning Source LLC
Chambersburg PA
CBHW021127020426
42331CB00005B/648